그리운 치밭목

강 영 환 시집

강영환 시집

그리운 치밭목

지은이 강영환
펴낸이 최명자

펴낸곳 책펴냄열린시
주　소 부산광역시 중구 중앙동 3가 14-1번지
전　화 051-464-8716
출판등록번호 제 02-01-256호
출판등록일 1991년 2월 4일

발행일 1판 1쇄 2008년 9월 5일

ⓒ강영환, 2008, Korea
값 8,000원

ISBN 978-89-87458-60-1 03810

• 저자와 협의하여 인지를 붙이지 않습니다.
• 잘 못된 책은 바꿔 드립니다.
• 이 책의 내용 중 일부 또는 전부를 저자 및 출판사의
  동의없이 사용하지 못합니다.

그리운 치밭목

얼마나 외로웠을까
천년 세월을 홀로 견디어 내었으니
곁에 있던 새파란 주목도 가고
싱싱한 바위도 무너져 떠나갔으니
누구와 벗하며 지내 왔는가
천년동안 가다듬은 노래와 춤이 어찌
이승 것이라 이름 할까

「가릉빈가에게」 중에서

▲강영환 시인은 경남 산청에서 출생하여 1977년 동아일보 신춘문예 시 「공중의 꽃」으로 등단. 1979년 『현대문학』 시천료(필명 姜山淸) 1980년 동아일보 신춘문예 시조 「남해」 당선. 시집으로 『칼잠』, 『불순한 일기 속에서 개나리가 피었다』, 『쓸쓸한 책상』, 『이웃 속으로』, 『황인종의 시내버스』, 『길 안의 사랑』, 『놈-철들무렵』, 『눈물』, 『뒷강물』, 『푸른 짝사랑에 들다』, 『불무장등』, 『집을 버리다』, 『벽소령』과 CD롬시집 『블랙커피』가 있고. 시조집 『북창을 열고』, 『남해』가 있다. 월간 『열린시』 주간 역임. 한국작가회의 회원, 제26회 이주홍 문학상 수상.

□ 책머리에

『불무장등』, 『벽소령』에 이은 나의 세번째 지리산 시집이다. 이들은 몸이 고단해도 마음을 평화롭게 하기 위해 내 곁에 왔다.

 지리산에 가는 것은 산을 보러가기 위함도 있지만 그곳에 사는 사람들과 그곳에 드는 사람들, 신갈나무와 조릿대, 죽어서도 서있는 하얀 고사목, 정감 있는 산길, 얼굴을 닮은 바위와 벼랑, 봉우리에 걸린 구름, 부서지는 물거품과 물소리, 그 숱한 풍경들이 지리산이고 그들이 나를 푹 젖게 한다.

 그리고 땀이 배어있는 산, 삶과 죽음이 영원한 산, 아직도 다하지 못한 말들이 남아 있기에 홀로 깊어진 짝사랑은 불러주지 않아도 지리산을 간다.

2008. 여름
저자

목차-6
책머리에-5

제 8 부 안 잊히는 산

내 마음의 산—지리산 · 13
내 몸의 산—지리산 · 14
산문에 서서—중산리 · 15
숨어사는 물—엄천강 · 16
그리운 고문—인월 · 17
잠 못 드는 밤—불무장등 · 18
별—농평에서 · 19
고장 난 산문—불일평전 · 21
빈 집—마천 · 22
나는 너무 작다—심마니능 · 23
기와불사—묘향대 · 24
따뜻한 흔적—황금능 · 25
길 없는 길 위에서—중봉골 · 26
지독한 사랑—써레봉 · 27
산이 나를 버릴 것이다—성삼재에서 · 28
산에는 무정부주의자가 산다—도장골 · 30
물소리에 닿거든—광대골 · 31
외도—반야봉 삼거리 · 32
서늘한 물맛—음양수 · 33
못 이룬 사랑은—허공달골 · 34
마음에 남긴 불—팔풍재 · 35
소금고개—벽소령 · 36

숨어살기—조개골 · 37
함께 가는 길—화엄골 · 38
질경이가 전하는 말—치밭목 대피소 · 39
울음소리—장단골 산죽 · 40
끝없는 사랑—연하굴 · 41
숨 쉬는 돌—칠선골 · 42
앉을 자리—참샘 · 44
낯선 길—중봉골 · 45
의자—국골 · 46
산정노숙—천왕봉 · 47

제 9 부 다시 그리운 산

다시 천왕봉에 올라 · 51
숨은 길—한신지곡 · 52
영화는 가고—달궁 · 53
철없는 물소리—심원 · 54
도라지꽃—거림 · 55
유혹에 빠지다—쑥밭재 · 56
임씨家—대성동 · 57
길을 잃다—거림골 · 58
길을 찾다—거림골 · 59
회생—안내원동 · 60
환청을 따라가다—큰세개골 · 61
연가—목통마을 · 62
별을 걱정하다—법계사 · 63
낯익은 산길—남부능 · 64

평화를 위하여—쇠통바위 · 65
잠시 앉았던 바위에게—뱀사골 · 66
그리운 치밭목—치밭목 · 67
궁합이 맞아서—연동골 · 68
가룽빈가에게—연곡사 북부도 · 69
산정에 오르면—반야 중봉 · 71
지워진 길—하정골 · 72
은자의 섬—농평 · 73
눈산에서—치밭목 가는 길 · 74
목이나 추기고 가게—삼정산 · 80
산문 밖이 훤하니—상무주암 · 81
고개 마루에 앉아—영원령 · 82
민들레 홀씨—문수암 · 83
그리운 산—영원사 · 84
손 짚었던 나무—도솔암 · 85
생각 밖에서—비린내골 · 86
침묵—비둘기봉 · 87

제 10 부 지리산 사람들

왕의 눈물—구형왕 · 91
짚신을 벗어놓고—최치원 · 92
산천제에 올라 쇠북을 치다—조식 · 93
풍우에 쫓기다—김종직 · 94
속두류록에 들다—김일손 · 95
산빛은 고요하다—서산대사 · 96
산중일기—정시한 · 97

거대한 지리산 바위―이현상 · 98
나를 찾지 말라―허만수 · 99
뱀사골 푸른 물에―고정희 · 100
붉은 도라지꽃―하씨 · 101
우리들 장모―욕쟁이 할매 · 102
등신불―법보살 · 103
여자 빨치산―정순덕 · 104
화엄세상을 꿈꾸며―최영희 · 105
천왕봉에 빠져―성 산 · 106
노고단 호랑이―함태식 · 107
소망탑을 세우고―변규화 · 108
지리산이 그리워지면―김경렬 · 109
가슴에 산을 품고―이근상 · 110
산문을 닫기 전에―도봉 · 111
길을 묻다―도법 · 112
산을 토하다―이광전 · 113
지리산 통신―최화수 · 114
지리산 옹고집―성락건 · 115
푸른 혁명을 위하여―임소혁 · 116
기갈 센 신갈나무―권경업 · 117
지리산 산길 따라―조용섭 · 118
말없음표―민병태 · 119
악양루에 오르다―박남준 · 120
햇살 한 줌―이원규 · 121
여름 언덕―남난희 · 122

해설 · 123

제 8 부
안 잊히는 산

내 마음의 산
—지리산

몸 가는 산에 마음이 빠져있다
구름 에두른 천왕봉이 넋을 빼간 탓이다
운무에 취한 연하봉도 조금 덜어가고
백두대간 흘러 온 출렁임에 숨까지 멎어
만리 능파는 가야할 가슴 벅찬 길이거니
갈래 길에 몸 실어 구름으로 떠 가다보면
누워있는 낙남정맥에도 고운 해가 뜬다
성미 급한 물줄기 따라가는 마음이
노을에 숨어 든 흰 강을 마시지 않더라도
몸이 먼저 알고 흘러가는 것을 어쩌랴
어쩌랴 일곱 신선을 높이는 운해에 들어
한신골 넘쳐나는 해방을 삼키고 말았으니

내 몸의 산
—지리산

마음 담긴 산에 몸이 갔다
반야는 취한 구름에도 젖어 흔들리고
석종대 무거운 종소리는 노을 속에서
노고단에 홀로 핀 망우초를 희롱한다
피아골 운무 속에 숨어 피는 동자꽃이
새벽이 온 줄도 모르고 잠투정이다
수해 만리에 마음 실어 가다보면
서북 능 굽이 길로 돌아가는 물줄기
낮은 철쭉에도 색이 드는 바래봉에서
산그늘 피맺힌 울음 못 거둔 두견이야
넋을 달래 우는 것이냐 두어라
몸 뺏긴 마음이 길을 잃었으니

산문에 서서
—중산리

중산리에 들면 마음은 벌써 상봉이다
바라만 보아도 이마가 시원하고
수액이 몸에 흘러 길눈이 밝아진다
눈 감고도 지쳐갈 수 있는 숲에 이르러
몸은 나도 모르게 솟구치는 봉우리이고
마음은 너도 모르게 흐르는 골짝물이다
하늘로 선 칼날 끝에도 구름이 걸려
의심 없이 몸 움츠려 드는 칼바위길에
낮은 운무로 떠서 가는 길
어디까지가 내 마음일까 알 수 없다
칼을 품고 지키고 싶은 것은 무엇인지
오늘도 나는 지리산을 간다

숨어사는 물
—엄천강

숨겨 두고 싶은 애인이 있다면
추성동 깊은 골에 들어라
들킬세라 짐짓 둘러가던 백무동이다
눈 시린 누가 불러 마천에 들면
젊은 물이 수줍어 자꾸만 숨어가던 일
하얀 웃음을 남기고도 모자라
가슴 울리는 북소리를 몰랐다고
함부로 흐르는 것들도 시침 뗐다
누가 수작이나 걸어주었을까
첫사랑 앓는 물이 꿈틀거렸다
산 가운데 흘러가는 가슴앓이는
눈에 든 풍경만 곱게 비추고
피멍든 가슴 떠나는 물굽이가
날마다 이빨 시리게 이별을 한다

그리운 고문
—인월

몸은 지독한 사랑에 묶여 갔다
그리운 고문이 시작되었다
검은 산 겹겹 마루금이 불러
마음 졸이며 다가서는 산
인월에서도 멀다 지리산은
들고 싶은 눈빛이 아득하기만 하다
임천강 여울에다 마른 눈썹을 씻어내고
바람나고 싶은 밤에 문득 들어서
마음 끌리는 여인숙에 몸을 맡기느니
넘어가는 새벽달을 붙들어 매어
산빛 맑은 끼를 가슴에 채우고 채워서
쓰다 남은 달은 어디에다 숨겨둘까
그리운 고문은 끝나지 않았다

잠 못 드는 밤
―불무장등

산중에서는 잠도 오지 않았다
버리고 온 부모 형제, 자식새끼가 그리워서
한 여인이 빼서 던져버린 눈이
낫날봉에 붉게 타는 통곡이다
신갈나무 등 뒤로 숨어가는 붉은 꽃 참나리에
스쳐 간 세월이 상처로 남은 반점은
다 태우지 못한 여인의 흉터인가
간절한 그리움 지고 가는 노을 한 발
몸 무거운 불무장등이 핏빛으로 따라 갔다
강을 건너다 빠져 죽었는지 어둠이
통꼭봉에 까맣게 걸려있을 때 꼭두새벽
잠은 물 건너 가고 말았다

별
—농평에서

별이 나를 끌고 농평에까지 왔다
도시에서 빛을 잃고 가물가물 멀어져 가던
숨만 겨우 붙은 별이 나를 데리고
먼 길 끝에 기진해 닿은 그 별이
초롱한 눈망울로 살아났다
잠 든 수억 별 무리를 깨우고 밤 내내
재잘거리며 풀어내는 이야기를 보라
언제 그랬느냐는 듯 나를 버려두고
은하수에 몸 실어 훌쩍 가고 말았다

그리던 별을 딸 수 있을까 더 깊어진 밤
누구도 입 떼지 않는 침묵을 만들고
나는 별빛에 빠져 들었다 별은
하늘에 박혀있는 붉은 향수가 아니라
가슴에 심어 놓은 푸릇푸릇한 눈물
못 이룬 첫사랑은 흘러서 미치도록,
미치도록 섬진강을 넘쳐나 밀려오는 눈들
잎 진 밤나무 가지에 앉아서
밤을 지새우는 가슴에 들었다

평상에 누워 팔베개를 하고 밤을 보았다
별은 날이 새기 전까지 하얗게 모여들고
밤하늘은 들여다볼수록 슬프다 나는
반짝이는 수없는 저 별들을 데리고 다시
도시가 삼킨 어둠 속으로 가야 한다 가서
빛을 꺾고 입 다물고 누워
꺼져가는 별을 이마에 붙이고 내내
핏기없는 하늘을 바라봐야 한다

고장 난 산문
―불일평전

수레바퀴를 굴려 산으로 갔다
쌍계사 가파른 금강계단을 넘어
물 마른 개울을 건너서
산문을 열었다 삐―꺼억
꺼억 꺽, 문에 가시가 걸렸나보다
낡은 문은 쉽게 열리지 않았다
경첩에다 기름칠을 해야 쓰나
비명을 질러 대는 문은
내게만 힘 든 일을 맡기는 걸까

고욤나무 꽃 피어 떨어질 때쯤
봉명산방 오월에 들어
어느 문 앞에 수레를 다시 세울 것인가
청학 백학을 안고가는 훤칠한 키 하나
햇살은 수염이 길다 폭포는
나무그늘 하나까지 세며 소리하더니
가슴에서 밝은 눈을 뜨고
주인 없는 산에 들어서도 내
고장난 산문은 만 리를 열었다

빈 집
―마천

다락 논 남루 위로 새 길을 내어
수천의 오도재가 모퉁이를 넘었다
겨울에도 목이 마른 강바닥 돌멩이는
푸른 육자배기 잘하던 엄천강이 그립고
찬 물로 허기 채우며 살아 온 마천 바람은
떠날 곳이 없어 미루나무 끝에 남아 울었다

산허리 끊어 댐이 들어서면
골에 든 물은 쉽게 나서지도 못한 채
강바닥 남은 돌들이 익사하고
창암산 기슭에 남은 묵정밭마저 물에 잠기면
골 깊은 주름을 이마에 긋고 살던 이웃은
목기 뽑아내던 대패를 나무아래 묻었다

나는 너무 작다
―심마니능

백두대간 끝머리에 다와 가는 몸이
뒤를 돌아보았다 얼마나 외로웠을까
흘러 온 길이 꿈틀거렸다 백두에서
거센 근육을 솟구친 물결은
나를 떠메고 왔다고 태고의 세월 속으로
부리나케 돌아갔다 돌아보지도 않고
몸을 타고 뻗어가는 능선들, 그리고 봉우리들
내 그림자를 끌고 다시 가야한다 남은 길을
더 높이고 멀게 하여
벌레보다 낮은 몸으로 기어야하느니
반야봉 운무가 몸 낮춰 높여 주지 않았다면
나는 침몰하여 흔적도 남지 않았으리라
남은 길에 먼저 살이 떨리느니
등 뒤에 걸린 하늘 시리게 보리라

기와불사
—묘향대

바라만 보아도 따뜻해지는 장작더미로
울 둘러놓고
안에서 석간수 고였다 흘렀다
산승은 옷을 털고 들어 앉고

낯선 이를 쫓아내려 염불하는 백구가
마당에서 혼자 기와불사를 접수할 때
텃밭에 남은 배추뿌리는 발자국이 없다
지보풀 시든 잎사귀에 드는 바람이 없다
돌벼랑 끝에서 물 든 잎에 가는 손이 없다

맨 처음 산문을 연 이는
어느 골에서 목 놓아 울며 흘러가는지
바람소리가 일 없으니 하산하라 하고
굴뚝에 피어오르는 연기가 앞서 해탈한다

따뜻한 흔적
— 황금능

길 끊어진 숲에는
독수리 발톱을 피해 바위굴로 숨는 승냥이가
동그란 눈망울로 제 어미를 찾고
인적의 올가미를 피해 낭떠러지 끝에 선
반달가슴곰이 혼자 울었다
그림자도 없이 가는 낮달이
찾아 헤매는 길은 어디로 갔을까
산죽 엉켜 사는 길에는
숨어살기 좋은 바위굴이 있고
사는 일이 잠간 모닥불 피우고 가는 일일 때
쫓겨 가는 별이 밤새도록 가물거리던
써레봉을 두려워 말라
낮달이 비춰 주는 남은 길이
날카로운 인적을 지웠다

길 없는 길 위에서
—중봉골

낯익은 길이 나를 버릴 때가 있다
길에 집중해 주지 않는다면 쉽게 길의
냉혹한 숨바꼭질에 빠져 풀잎도 낯설고
부러진 나뭇가지도 두려워서
술래가 다시 나를 찾을 때까지
뼈저린 가시밭길을 후회할 것이다
두려워 말라 결코 그대를
산이 먼저 버리지는 않을 것이다 오랜 세월
산에 든 발자국에 묻어나는 눈물이 있어
피의 흔적은 목말라 안타까워도
서리풍상에도 씻기지 않는 화석이 있어
가는 길을 슬쩍 일러주고 있느니

지독한 사랑
―써레봉

상봉에 걸린 햇살이 사랑을 잃었을까
온기를 잃고 새파랗게 죽어 갔다
상봉 그리다가 돌이 된 군상, 푸른 얼굴
차고 날카로운 빛을 바라보면서
날등 끝에도 앉을 데가 없다

목마름 없는 누가 길에 들고
아픔 없는 누가 숲에 드는가

그리는 상봉은 돌아앉아 시늉도 없어
마야곡에 흘러드는 숱한 눈물
그늘 위에 그늘로 쌓이고
마음 둔 사랑에도 고개가 아파
뼈마저 까맣게 타들어 갔다

산이 나를 버릴 것이다
―성삼재에서

지리산도 이제 나를 버릴 모양이다
쉽게 내칠 속내를 감추고
외로 절름거리는 육신을 업고 가서
불끈 솟은 반야봉 볼기짝에 내려놓았다
그것도 모르고 나는 멀리 바라다 보이는
만복대 노을에 젖어 내려설 생각도 잊고
다시 업어 가 줄 돼지령을 찾아갔다

엄마 가슴을 더듬던 손바닥 감촉만큼이나
잊히지 않는 지보풀 향기에 젖어
눈을 감고 밤 깊은 줄도 모르고
늑대 울부짖음 속으로 생각을 옮겨갔다
촛대봉, 제석봉, 덕평봉, 반야봉, 고리봉…
그리고 천왕봉, 그 이름들만큼 드센 힘으로
나를 업고서 얼러주던 봉우리들
아직은 잠들지 못했다 밤이 깊도록
투정조차 부리지 못하고 어둠에 쌓여
지나가는 별무리를 헤아려 보다가
가시덤불 숲이나 벼랑 끝을 가는 나를
그대 아직은 염려해 주었다

그러나 이제는 산도 지치고 나도 지쳐
밤에는 너무 깊이 잠들었다 서로를 잊고
새로 눈 뜨는 아침 더 이상의 사랑은
피를 흘릴 것만 같아
내 몸이 산을 떠나 들로 나서듯
새벽에 일어서지 못하는 나를
지리산도 이제 버릴 모양인가 보다

산에는 무정부주의자가 산다
―도장골

태산목 잎잎 새로 간간 뵈는 구름에도
눈 깊은 그늘에다 몸을 숨겼다
오체투지로 오르던 네가 그랬지
검은 산은 골짝마다 눈물이 남아
부엽토 한 치 아래 참나리 구근은
싹 돋우지않고 숨어 지내는 벙어리지만
홀로 남은 동자꽃이 먼저
붉은 꽃을 터뜨려 울고 말았다
속세에 들 것을 유혹했지만
손을 물에 띄워 보내고
언 땅에 발을 묻어 견뎌내었다
그것뿐일까
문득 하산하는 물소리

물소리에 닿거든
―광대골

소금장수도 넘기 힘들었던 벽소령
숲 속에서 높이 우는 매미는
일곱 날 째 제 이름을 불렀다
쉽게 몸을 내어 주던 남사당 패거리처럼
목숨 부지하기 위해 들었던 골짜기에
득음을 위한 피 맺힌 절규가 아직은
떠나는 물소리와 구분이 안되었다
햇빛 수줍은 골이래도 그늘 깊은 곳
떠나는 물도 바위에 제 머리를 부딪히고
이름 없는 설움은 끝내 피 맺혀
소리로는 잠든 산을 깨울 수가 없다

외도
―반야봉 삼거리

노루목에 짐 벗어두고 잠간
반야봉 다녀와 보면 안다
오른 만큼 다시 내려와야 하는 산길
내리막이라고 다 좋아 할 건 아니다
삼거리 묵은 잠은 너무 오래 되었고
살아 누우나 죽어 누우나 다 같은 길을
삼도봉 고개 넘다보면 문득
애 터지는 그리움은 한 가지일 텐데
몰랐을까 잊었을까 언젠가는
몸이 터득하는 일이지만
내려 선만큼 다시 올라야 하는 산길
아직도 목마른 눈물을 추억하는 길
외도는 힘 빠진 채 말없이 돌아왔다

서늘한 물맛
—음양수

동쪽과 서쪽에서 각기 솟아나
한 바위를 돌아 나온 낯선 두 물이
말 많은 중매쟁이도 없이 서로
그늘 없는 바위 앞에서 수줍게 만났다
얼굴 붉힐 틈도 없이 합궁한
그 물맛이 하늘 아래 제일이라지만
민들레 사방 천지 씨앗 흔한 집 손은
엎어져 깨진 무릎에 피가 흘러도
마음 모아 합장하지 않았다

빌고 빌어 남은 물이 다하여 이제
흐르는 소리도 감추고 들어앉아
마른기침만 하고 있는지 몰라
올 굵은 삼베 수의 마련해 두고
찾아오지 않는 효손 그리워하며
안부처럼 흘려보내는 마른 눈물
따가운 햇살 아래서도
오래 맺힌 서늘한 눈을 풀지 못한다

못 이룬 사랑은
—허공달골

소리 내어 흘러도
닿을 수 없는 길이 있다
휘어이 휘어이 숲 그늘 찾아 들어
정수리에 쏟아 붓던 그리운 물소리
가슴에 달을 안고 강으로 흘러가도
어름터 골짜기는 깊어지지 않았다

까치발로 지나가는 구름 속 달그림자
못 이룬 넋이어서 목이 마르고
돌아보면 뒤따르는 이 아무도 없다
다시는 눈을 주지 않으리라 다짐하는
먼 기억 발자국 소리
갈증을 더해 부르던 아픈 기억만으로
조릿대 외로운 잎이 몸을 흔든다

마음에 남긴 불
—팔풍재

그리움으로 두 눈에 불이 붙거든
연분홍빛 실타래 풀고 풀어
태우고 싶은 영혼 마구 벗어 던져라
새까만 재로 남을 때까지 바라고 또
바라서 봉우리 곱게 지어 놓고
흐르는 마음 가만히 얹어 두라
가까운 봉우리 키 낮은 철쭉에 꽃이 피거든
못 다 한 밀어 한마디쯤 남겨 두고
뒤에 오는 이의 가슴에다 불 지펴
죽도록 그대를 그리워하겠금 다시
눈에 든 그리움 뽑아내어 태우고
다 태워 한줌 재도 남기지 말라

소금고개
―벽소령

이슬에도 깎이는 고개가 있다
허가 없이 산에 들어 잊힌 길은
오래도록 달빛아래 높아지지 않았다
광대골 오르막 숲 그늘 속을
음정 바람은 놀기삼아 쉬이 넘어 가도
화개나루 소금은 다른 길이 없어서
고개 넘다 주저앉은 천년 눈물
얼마나 낮춰주고 싶은 고개였을까
종주에 흘린 땀 식혀가고 싶거든
소금이 앉았던 자리에는
비단으로도 스치지 말 일이다
달빛에 밝은 이슬이 턱을 깎아 내린다

숨어살기
— 조개골

발자국 지우고 들어서서 잊히고 싶다
키 작은 조릿대만 그랬을까
죽을힘으로 쑥밭재를 향해 가는 길
지워지기 싫은 빨치산 루트는
푸른 살을 헤쳐 두류봉을 앞서 갔다
숨어살기 좋은 골에 들어서
산죽잎 날카로운 소리에 마음이 베인다
산죽 우는 소리에 절로 마음 깊어지면
저물녘 바람에도 몸을 맡겨 본다
한 발은 물에 담궈 고기밥을 주고
한 발은 땅에 묻어 지렁이 밥이 되게
도피라 이르지 말라 이 땅 잊힌
이름이 어디 한 둘 뿐인가 오늘은
햇빛 외면한 중봉 뒷꼭지도 밝으니
바람에도 소리하지 않는 잎 잎은
그늘 속 사는 일에 신명이 났다

함께 가는 길
— 화엄골

나무껍질은 물이 올라 벗겨 먹기 좋은 때
눈 여겨 보는 이 아무도 없다
지천에 널려 있는 취나물도 거들떠보지 않는
무거운 짐 진 가벼운 발길은
하늘에 눈이 시려 얼굴 가릴 뿐
그늘에 쫓기는 마음은 어디에도 없다
지보초 밟는 무심한 걸음 탓하지 않고
석종대 범종소리가 노을을 부를 때까지
피를 뽑아 나눠 주는 코재 당단풍
말 못 할 사연을 깊이 삭혀서
산문에 걸어 둔
오래된 수레바퀴를 다시 굴렸다

질경이가 전하는 말
―치밭목 대피소

등짐 뒤에 하늘이 높아 보이거나
발끝에 가는 길이 깊어 질 때 잠시
치밭목 대피소 뜰에 자리 잡아보라
발자국에 밟혀서 흩어져 사는 질경이
그래도 말없이 솟구치는 손을 잡아주어라
질긴 목숨 붙들고 높은 산에 들어
낮은 몸으로 억세어 가는 질경이의 말이
귀 기울여 듣지 않아도 눈에 보이리라
부드럽게 산을 깊어지게 하는 힘이
어디에서 나는지 들여다보라 거기에다
눈 감고도 떠올릴 수 있도록 마음을 심고
불현듯이 해가 떠오르거든 입을 열어라
산에서는 비밀이 새어나지 않는 법이거니
마음보다 높은 산은 어디에도 없다

울음소리
—장단골 산죽

무심히 헤치는 내가 들으라는 듯 산죽이
일제히 소리 높여 통곡했다
무슨 억하심정을 발설하고 싶었는지
먼 길 가야할 바짓가랑이가 젖고
뿌리가 움켜쥐고 있는 슬픔에
정강이에는 수천 살 빗금이 갔다

무재치기 폭포 마루턱에 이르러서는
널브러진 낙엽도 그렇거니와 숱한 산죽에
무거워지는 걸음을 어쩔 것이냐
손등에 그어진 칼금도 마음 아프고
발등에 떨어지는 전언을
귀담아 듣지 않는 골짜기에 섰다

떼로 선 산죽을 건드리지 말라 섣불리
엉킨 뿌리가 움켜쥔 백골
움푹 파인 눈에 고인 눈물을
두 손에 받아 내야한다 아니라면
산죽 잎에 듣는 장대비에 젖어
대책 없는 통곡을 마주해야한다

끝없는 사랑
—연하굴

화개골 조망이 시원한 형제바위 아래
게슴츠레 눈을 뜬 산문이 하나 있어
별 푸른 밤이면 문을 열고
참을 수 없는 욕정을 뿜어내기도 하고
때로는 골짜기에 흐르는 빛을 삼키고 앉아
돌아 올 누군가를 한없이 기다리는
피안에 든 지리산녀 뜨거운 자궁이거니
낮게 엎드린 그녀 안에 들면
오래 잠들어도 좋은 어둠이 있고
지친 몸이 찾아가는 맹목적인 사랑
숨겨주던 것들이 어디
눈 비 맞아 떨던 짐승들뿐이었을까
칼끝을 피해 눈 붙이고 지났을 사람들
다시는 이 땅에 오지 않아도 홀로
천길 벼랑 끝에 문 열고 앉은 산녀
깊은 눈에는 네가 들었을까
따스한 입술에는 내가 들었을까
온기 품은 사랑은 끝나지 않았다

숨 쉬는 돌
―칠선골

내 그리운 남이 덕이 순이
길 가에 앉은 바위에게도 이름이 있었으면 좋겠다
칠선골 묵은 계곡 시커멓게
세월이 밴 외투를 껴입고 앉아있는 노숙자
오래된 바위에게 이름이 없다는 건 이상하다
풀에도, 나무에도, 산봉우리에도 이름이 있듯이
작은 바위에도 이름이 있었으면
밤길에서도 길을 잃지 않았을 터인데
존재한 무거운 몸을 알 수 있었을 터인데
천천히 산을 내려가는 바위들이 살았던
오랜 살림을 뒤따라 가보면
그들에게도 힘든 노동이 있었음을 안다
그 세월에 맞는 이름이 있으면 좋겠다
앉아 등 기댔던 바위에게 등바우라 하고
누워 몸 붙였던 바위에게 눌바우라 하고
배낭을 받아 주던 바위에게 짐바우라 하고
모양새에 걸 맞는 이름 하나씩 붙여 주고 싶다
울산바위, 장군바위, 촛대바위, 칼바위 같은 이름 말고
앉은 바위, 누운 바위, 선바위, 둥글 바위, 호박

바위…
 곁에서 흔히 도는 말 하나씩 이름으로 붙여 오래
 낯익은 바위 하나 간직하고 싶다
 내 그리운 남이 덕이 순이 그대들처럼

앉을자리
—참샘

길은 내 길이 아니어도 산으로 든다
산도 굽은 길을 곱게 받아들이고
나뭇잎 그늘을 풀어 몸을 숨겨 주기도 한다
은밀한 곳 바위들은 숲의 냉기를 간직한 채
그 아래 지나가는 발목을 적신다
때로는 벌건 대로에서 발가벗고 기다리는 물은
온몸을 반짝이며 유혹하기도 한다
갈 길은 멀고 등에 맨 짐이 무거워도
오르막길 손 뻗은 곳에 나무뿌리가 솟아 있고
비탈은 발 디딜 터를 쉽게 내 주었다
길은 언제나 산으로 나 있고 쉬고 싶은 곳
앉을 자리는 늘 비어져 있다

낯선 길
―중봉골

낯선 숲길도 처음 떼는 발걸음이 무겁더라도
우거진 수풀 헤치고 주저 없이
성큼 들어서고 볼 일이다
맨 처음 길을 낸 이의 발을 생각하며
좋은 조망을 가진 바위도 만나고 혼자 서 있는
물푸레나무 손짓도 쉽게 눈 여겨 보면서
새로 만나는 길의 포근함에 젖어
얼굴에 닿는 거미줄에 마음 두지 말고
진창에 젖는 발을 안쓰러워 말 일이다
낯선 길에 몸 상하는 일이 아니거니
어렵사리 산에 들었다면 그대
익숙해진 길만 고집할 것이 아니라
한 번쯤, 꼭 한번이 아니더라도 성큼
낯선 사랑도 혼자서 가볼 일이다

의자
―국골

천년 솔, 죽어서도 산비탈에 하얗게 서있더니
삭을 대로 속이 삭아 몸 부지 못하고
툭, 아래쪽 느티나무를 덮쳤다
그 날벼락에도 어린 나무는
눌려진 세월을 견뎌내더니 이듬해 봄
온 몸으로 파란 잎을 틔우는 것이 아닌가
덩치 큰 썩어빠진 이웃 탓하지 않고
구부러진 채로 한 십년 그러다
천년 솔이 흙으로 간 뒤 자유를 얻었지만
구부러진 허리가 펴지질 않아
새들도 앉기 쉬운 꼽추가 되었다 산에서
이런 일은 아주 흔한 일이어서
흐르는 물은 뒤도 안보고
소리 내어 떠나갔다 느티나무는 그냥
죽을 때까지 의자로 살기로 했다

산정노숙
―천왕봉

자전하는 천체로부터 돌아 왔다
붉은 상처는 간이의자를 접고 나를
가시덤불 숲에서 돌아오게 했다
숲에서 풀어내는 찬란한 멀미
어둡고 긴 터널을 지나온 길에서
새소리에 귀를 잃고
연둣빛 투명한 잎사귀에 눈을 버렸다
달콤한 열매는 내 여린 사랑을 채 갔거니
잃어버린 주머니에서 찾아낸 것은
등 뒤에 걸려있던 하늘이었고
발끝으로 걸어왔던 내 작은 키였다
돌아와 껍질 뿐인 몸을 벗고
숨소리마저 멎는 아픔으로 오늘 밤
산정에서 나눌 피로를 챙겨본다

제 9 부
다시 그리운 산

다시 천왕봉에 올라

상봉에 설 때마다 빛이 낯설다
산바다와 만난 눈이 멀미가 나고
몰려오는 거친 출렁임을 마주한 몸이
구름 속 아니라도 가벼워진다
지고 온 속세가 연거푸 방귀로 새어 나가면
일출에 넋을 빼앗긴 이마를 둘 데가 없다
칠선골 거친 바람에 몸을 맡기니
상봉에서 중봉, 중봉 지나 하봉까지
꿈틀거리며 가는 벌거벗은 능파가
유혹의 추파를 던져오는 게 아닌가
말아라, 가고 오는 사람의 얼굴에서
상봉은 함박꽃으로 피어나고
장터목 가는 길은 짙은 안개 속이다
몸을 뉘어 쉬고 싶어하는 고사목 앞에서
걸어 온 눈높이가 징그러워진다

숨은 길
—한신지곡

오래된 골짜기도 쉬고 싶다 낯선
발에 밟히고 손찌검에 멍이 들면
길도 가끔은 쉬어가야 하는 걸 안다
쉬다보면 시간이 남긴 그늘이 지워지고
숱한 노동에 흘린 땀도 마르게 마련이지만
일상에 노는 일이 사는 것이고
사는 일은 쉬어가는 것 잊었을까
길이 지워진 자리에 동자꽃 무리 서넛
나를 기다렸다고 애 터지게
한 자나 목을 빼고 웃고 있다

영화는 가고
―달궁

시든 풀잎 속에서 눈을 뜬
토기 파편 한 조각에 눈이 맞아
숱한 상처는 또렷하게 길을 열었다
이름도 거명하지 말라 그늘은 깊고
길은 옛 터를 갈라 재를 넘어 갔거니
흐르는 물이 만든 골을 따라
돌무더기에 붉은 이슬이 맺혔다
바람 분다고 가는 길을 막아서 보지만
길목을 지켜 선 느티나무조차
반벙어리 긴 세월을 견디어 냈다
이 골 저 등을 스쳐 지나간 것들 중에
아쉽게 물들어 떨어지지 않은 것이
어디 있을까 지나간 영화는
파편 토기에 맺힌 붉은 이슬인 것을

철없는 물소리
—심원

가슴에 흘러드는 물소리에 젖고 만다
쉬고 싶으면 가다가 짐 벗어두고 하얗게
바위 아래 그늘로 잦아들고 말지
젖은 숲에서는 속내를 들키고 싶지 않다
물위에 비칠 풍경 하나
마음 내어 셈하지 않은 채 거품 뿜으며
골 깊은 세상을 미치도록 흘러간다
아직은 공부가 모자라서 천방지축 날뛰지만
젊은 것이 패기도 없다면야 어디
살아있다고 말할 수 있겠는가 그대
깊고 먼 뜻에 이르기 위해서 오늘은
시린 잇몸 마저 부서질 때까지
밖으로 흘려보내는 욕정을 깨물어
그 깊은 속내를 짚어봐야한다

도라지꽃
—거림

상심한 누가 밤을 새워
거림골 묵정밭에다 별을 심었을까
천막 문을 나선 아침 산 위에는
하늘 그리움이 출렁거렸다

설익은 잠을 떨쳐낸 아침까지
밤새 내린 별이 지천으로 피어
갈아 앉은 물소리를 띄워 올렸다
환한 길 밖에서

허기는 별을 벌써 캐어 먹고
알싸한 혓바닥이 그리운 산 맛
잠간 입술을 스쳐간 별인데도
몸에서 반짝반짝 눈을 떴다

유혹에 빠지다
—쑥밭재

피 냄새는 언제부터 맡았는지
쑥밭재 오르는 길 산죽 밭에 사는
노란 산거머리가 종아리를 덥쳐온다
소리 없는 사랑이 무섭다 몰래
종아리에 붙었다 떨어진 산거머리를 보면
나쁜 피만 죄다 뽑아가서 혹
숨어 있을지도 모르는 암세포도 죽이고
더러운 성질로 제값 못 받는 꼬락서니를
피 흘리는 사랑으로 고쳐보면 어떨까
의식 밖으로 사랑할 줄 아는
산거머리 노란 유혹에 빠져본다

임씨家
―대성동

대성동 임씨家는 여전히 외롭다
더 깊이 떨어지기 위해 오르는 산
차가운 그늘만 깊어지는 골짜기에
목마른 산꾼이 마음에 둔 간이역은
십년 전이나 십년 후나 여전히
세석 가는 길은 그림자가 두텁다

숲 그늘에 이끼를 덮어 쓴 바위는
여름에도 짙은 한기를 품었다
뼈에 스미는 차가움은 어디에서 올까
스쳐지나가는 이의 몸은
차고 깊은 곳으로 떨어지고 버려진
바위의 오랜 침묵이 전해져 온다

고목은 골 깊이 누워 길을 떠난 지 오래
초막 옆에 선 재피나무처럼
땀내 풍기며 묵어가는 사람이 없다
길 너무 먼 세석에 울먹이며 쉬던 곳
그늘이 뒤를 돌아보게 하는 그 집
마음속 임씨家는 여전히 멀다

길을 잃다
―거림골

청학동으로 가는 길 남부능에서
산 그림자 막무가내 쫓다 돌연
갈라진 길은 지도 밖으로 뻗어가고
쓰러진 나무 등걸이 앞을 막았다
잘 못 든 길은 어디에서 끝이 날까
길을 버린 사람들은 오지 않았다
처음 길을 연 나무꾼도 가고
목숨 건 빨치산도 오래전에 길을 버렸다
홀로 남은 길은 풀을 키우고
가시덤불을 불러 들여 날을 세웠다
소름 끼치도록 쓸쓸한 긴 숲 그늘 아래
묵혀있던 산죽이 버림 받았던 설움을
오랜 기억에서 깨어나듯 죽창처럼
황급히 몸 털고 일어나
청학동 가는 길을 잃고 말았다

길을 찾다
—거림골

누가 보내 주었을까 잃어버린 길은
짙은 안개가 발밑을 감추어 갔다
짐승도 따라 가지 않는 길에
첩첩 거미줄이 눈앞을 막았지만
산은 흐트러짐 없이 나를 포옹해 주었다
청학동 가는 길을 포기하고
안개가 끊어 놓은 길 끝에 앉아 나는
하산하는 물소리만 바라보다
사는 일에도 한번쯤 길을 잃어본다면
어떤 첩첩 거미줄이 가로 놓일까
마음 한 가지 물소리에 실어 보내니
잘 못 든 길도 길 밖에 나서서
잃어버린 소를 따라 걷고 있었다

회생
—안내원동

상봉으로 달려가던 허기가 그때처럼
쪽불을 피우고 앉아
씨감자를 구워먹고 있을 때
붉은 별 하나가 떨어졌다
끝나지 않는 생존이 남아있는 안내원동
불 질러 밭을 일구던 굶주림을
풀이 덮어 주었다
이슬 같은 바람이 돌아와
숲을 풀어 주었다 그 새
노란 감자 꽃이 무수히 피었다

환청을 따라가다
—큰세개골

길은 골짜기로 깊이 빠져
땅을 울리며 뒤따르는 발자국소리 듣는다
돌아보면 누구 그림자도 찾을 수 없다 그러나
살 떨림으로 몸을 사로잡는 소리는
무너지고 굴러서 아비규환이다
목 말라 쫓겨 가던 발자국 비명이었을까
갈라져 떨어지던 암벽들의 절규였을까
떠나서 돌아오지 않는 물소리는
이 산을 어느 부피로 기억하고 있을까
집으로 돌아 온 빈 가슴에는
뒤따르는 발자국소리 아직도 쿵쾅거리며
높은 골짜기에 이르러 잠 못 이룬다

연가
—목통마을

골에 드는 햇살이 따스한데
굳게 닫힌 사립문 안은 썰렁하다
대낮에도 슬피 우는 매미가
깊이 잠든 산을 깨울 수 있는지
목통골 메아리는 점점 멀어져 가고
벼 베기를 끝낸 다락 논에는 피만 말라갔다

그대라면 어디 마음 내기가 쉬웠을까
도회에 숱한 인연을 모질게 끊고 들어 와도
못내 참아야 하는 일은 멀어지지 않아
돌아가는 물굽이에 발이 시리지만
어둔 골짜기 가물가물 물레방아 전기가
밝은 눈으로 맥박이 뛰었다

별을 걱정하다
—법계사

높은 처마 끝에 배낭을 풀고
올려다보는 밤하늘 너무 깊어서 걱정이다
더욱이 나뭇가지에 매달린 별은
누가 다 셀 것인지 또한 걱정이다
걱정을 떨쳐 두고 든 산에서
다시 걱정거리가 생긴 것은 제 못난 탓이지만
버릇처럼 길러 온 가을 풀벌레가
일제히 꾸짖어 깊어가는 밤
흐르는 별빛이 차곡차곡 쌓이는 장독간에
속살 떨림은 언제 멈춰 설 것인지
처마 끝에서 별빛은 사라지지 않고
눈썹 끝에는 잠도 오지 않았다

낯익은 산길
―남부능

가다보면 산길은 느낌이 같을 때가 많다
어느 길이라도 언젠가 가본 것 같은
길 위에 서서 지나온 그 산을 생각해 본다
이 산에서 만나는 물푸레나무도
저산 물푸레나무 몸짓으로 좁은 길 가에 서있고
이 산 튀어나온 돌부리가 모퉁이 돌아 선 그 산에
도 있어서
가다보면 느껴지는 길이 낯설지 않은 것은
천 번도 더 포기하고 싶은 길 위에서
몸이 부딪혀서 길을 기억하고 있기 때문이다
발가락이 피멍으로 돌부리를 받아들였기 때문이다
나는 언제나 낯선 산길 위에 서서
낯익은 산을 가는 피멍 든 눈물이 아니라면
산길에 푹 빠져있는 발바닥
티눈이 아니라면 다시 무엇이어야 할까

평화를 위하여
—쇠통바위

열리지 않으면 깨뜨려 치워라
불가능에 가까운 과제를 풀 수 없다면
부수고 무너뜨리고 굴려버려라
삼신봉 마루금에서 세상을 굽어보며
하늘과 땅을 굳게 채운 쇠통은
평화를 내주기 싫은 하늘 시샘이거니
열쇠를 찾지 못한다면 정을 깊이 박아
깨뜨려 버려라 내 몸이 열쇠다

굳게 닫아 둔 쇠통은 열리지 않을 것이며
평화는 말 못하는 바위덩어리가 아니다
울고 나도 새 얼굴인 아가 웃음처럼
가뭄 끝에 어렵게 내리는 단비처럼
바위로 가져오는 평화는 아닐 것이다 애당초
이승에서는 구하지 못할 평화이기에
산에다 자물통을 채워두지 않았는가
몸을 굴려서 세상에 던져 넣고 말라

잠시 앉았던 바위에게
―뱀사골

그늘을 만들어 주던 신갈나무처럼
키가 더 자랄 수는 없지만
그 자리에 오래 기다리고 있다가 내게
잠시나마 엉덩이 붙일 자리를 내어주던 친구
나는 기억한다 작고 못 생겼어도
내 무거운 몸을 온전히 받아들여
포르르 새 한 마리로 날려 보낸 일을
날아간 새는 잊지 않는다

숲을 떠나지 못하고 누워있는 불알친구는
둔한 얼굴 위에 새겨진 하얀 새똥을
역사처럼 깊이 간직하고 서있는 바보
몰래 한 짝사랑 곱씹어
산을 위해 홀쭉해지는 중이지만
그를 살포시 업어가고 싶어서
남보다 먼저 수작을 걸었다
쉽게 속보이는 헛물만 켰다

그리운 치밭목
—치밭목

먼 길을 돌아
치밭목에서 돌아왔다 오랜만에 집에 와서
신발 끈을 풀고 무거운 써레봉을 벗었다
발바닥에서 푸른 이끼가 떨어져 나가고
장단골 흐르는 물소리
이마에다 잘생긴 폭포 하나 그렸다

물에 실어 보낸 낙엽 붉은 색이 돌아 와
가슴에다 무거운 적조를 내렸다
가려운 살갗에 돋는 붉은 소름
눈에는 목마른 산죽이 쏟아졌다
불륜으로 땀 젖은 옷은
언제나 집이 낯설기만 하다

2박 3일이 아니라도
다시 떠나기 위해 돌아왔다
산을 먹고 돌아온 날 밤에 아이를 낳았다
아버지가 그리운 사생아
집이 그리운 산으로 컸다
불쑥 불쑥, 눈치 없는 치밭목

궁합이 맞아서
―연동골

나는 천상 지리산으로 가야한다
말이 통하는 숲에서 오래 오래 놀며
나무가 말하는 이야기를 들을 수 있고
물이 일러 주는 당부도 가슴에 새길 수 있으니
녹음 우거진 연동골로 가야겠다
5월 밝고 가벼운 웃음 속으로 나를 넣어
길을 묻지 않아도 새들은 일러준다
속살까지 비쳐 보여주는 찰랑 찰랑 물소리
숲으로 가는 길 발끝이 가벼워지고
아무래도 뗄 수 없는 찰떡궁합인가 보다
천년만년 아니 단 하루를 살더라도
연동골 처녀, 나는 그대 수줍은 신랑이다

가릉빈가에게
―연곡사 북부도

얼마나 외로웠을까
천년 세월을 홀로 견디어 내었으니
곁에 있던 새파란 주목도 가고
싱싱한 바위도 무너져 떠나갔으니
누구와 벗하며 지내 왔는가
천년동안 가다듬은 노래와 춤이 어찌
이승 것이라 이름 할까

새가 불을 피우지 않았다면
아무도 알지 못했으리라
휙, 하고 지나간 천년 세월을
참나무 마른 장작에 불을 붙이고
피리를 불지 않았다면
지나는 다른 새들이 어찌
천 년 전 일을 떠올릴 수 있으리

노래와 춤으로 천 년을 만들고
불꽃 속으로 걸어가 스스로 재가 되는
재 속에서 알로 다시 태어나는 새
그대 춤으로 부활하고

부르는 노래가 도솔천을 가지만
천 년 세월을 견뎌 내려면 다시
얼마나 외로울까 내 떠난 뒤에

산정에 오르면
―반야 중봉

물집 잡힌 새끼발가락이 아우성을 보내도
배가 고픈 눈은 멈춰 서지 않았다
이끼 계곡 긴 숲을 잘라 먹고 고개를 들어
노을 꺾어져 사라진 반야에 올랐으니
산정에는 눈이 쌓여 따스하게
먼저 진 나뭇잎을 덮어 주었다
가시덤불과 싸리나무, 억새, 강아지풀까지
뼈골만 남아 모가지를 내어 놓고
바람에 불려 갈 일 두고 눈에 환하다
더 높은 곳으로 돌아가 쉬고 싶어도 이내
구름평선 위로 일어서서 출렁거릴 몸은
지고 있는 짐 모두 벗어 놓은 채
산정에 올라서서도 다시 오르고 싶은 것을
그리움으로 피어나는 낙조 탓만은 아니다

지워진 길
—하정골

휴식년제에 골짜기가 묵어
네게로 가는 길이 사라진다면
그때 나를 영 잊어도 좋다
산 동무 인연을 따라 휘파람 불면
이 산, 저 산 빛이 꿈틀거렸다
새소리에도 눈을 빼앗겨 넘어지고
귀 세워 바라 본 심마니능에는
새파랗게 질린 하늘이 매달려갔다
물소리 바람 따라 귀를 당겨
눈 들어 지켜 선 계곡에서
가랑잎은 썩지 않고 기다려 주었다
눈 뜨면 오르고 싶은 산
숨은 길을 찾아 마음이 가고나면
못 따른 몸이 몸살을 앓았다

은자의 섬
—농평

불무장등은 그리 멀지 않다
피아골 높은 봉우리 통꼭봉 그늘아래
꼭꼭 숨어사는 산죽을 찾아가는 길
하늘도 아래로 보이고 구절양장 몇 구비를 돌아서
밤송이 별 같은 사람을 만나러 갔다
발아래 흐르는 황장산 첩첩 그늘이 가서 닿은 곳
눈 선한 사람이 들었다가 눌러 앉아
새끼 치는 산죽이 되었다지
불무장등 가는 길에 숨어있는 농평은
오래 잊혀진 은자의 섬
출렁이는 물결 안에 혼자 남았다

눈산에서
— 치밭목 가는 길

1.

풋풋한
숫눈을 밟으며
치밭목엘 간다

눈이 아프다 한다
길이 아프다 한다
발이 아프다 한다

누구도 마중 나오지 않는 길 위에서
아픈 만큼 찬란한 눈, 그 빛이여
나는 결코 소리에는 빠지지 않으련다

눈을 업은 산죽이 힘들어 해도
잎을 비운 신갈나무 되려 많은 짐을 져도
치밭목 가는 길은 소리로 벅차다

눈이 아프고
길이 아프고

발이 아프고

풋풋한 숫눈을 밟으면
등에 진 늙은 배낭이 먼저
환하게 묵은 주름을 폈다

2.

눈산은 오래된 입김
마른 나무 장작을 패서 재 두고
뜨거운 몸을 안에 숨긴다
누군가가 불 지펴주기만을 기다리는

눈꽃 만발한 숲길 속
내 오르막 계단이 붕괴되어
벌건 황토 물길이
저물녘 붉은 가슴에 새로 났다

날아간 나비는 눈 쌓인
숲을 기억하고 있을까
뜨건 성냥 한통 품어 오르는
늙은 파르티잔 눈썹을

온 산 다 태우고
산화해 버리고 싶은

붉은 나뭇잎은 가고 없다

 3.

눈 쌓인 숲에 오래 있어 보면 안다

눈을 가져가고
코를 가져가고
입을 가져가고

그것도 모자라서
말초신경을 앗아가고
몸 마저 가져간다는 것을

처음에는 몰랐다
가져가고 남은 빈 터에 마가목 쯤 심어놓고
물소리로 재우려 들었는지 혹은
숲이 되어 이승 기억을 깡그리 지우고
장단골 고사목이 되어 갔을지도

멀지 않은 기억은 두려움에 떨고
연약한 동고비 노래 소리
비탈에 살고 싶지 않았던
신갈나무 후손이었는지

눈 덮인 숲에 있어보면
숲이 가두거나 밀어내지 않고
스스로 생각한 깊이에 젖어
나무이거나 혹은 물소리이거나
아니면 이끼 덮어 쓴 바위돌이거나
그게 아니라면 능선이나 계곡에 흔히 있을 수 있는
그 무엇 하나가 되어 간다는 걸

결코 버릴 수 없는
부글부글 끓던 몸 하나
눈밭에 남게 된다는 걸 숲에
오래 있어 보면 안다

4.

젊은 날 서릿발을 간직한 길 위에서
잠재된 풍경은 믿지 않았다
의식이 내비친 풍경은 저물녘을 선명하게 한다
어둠에 막혀 길 끝에 이른 짐을 벗고
평안한 휴식이 시작되고 별은 반짝이며
풀벌레 울음소리는
홀로 걷는 길 적막을 지웠다
끝나지 않은 길 끝에 눈이 내렸다

5.

눈에 든 숲은
지극히 고요한 숲이 되었다
새들은 더 이상 노래하지 않았고
숨어있는 무재치기 폭포도 들켜버린 뒤
물소리도 얼어붙어 흐르지 않았다
바람 끊어진 벼랑 끝에는
날카로운 고드름이 몸을 키웠다
그러나 길이 지워진 눈밭에서
쫓기는 발자국과 쫓는 발자국이 서로 마주쳤다
뒤따르는 발자국이 앞선 발자국을 덮치고
필생과 필사가 빠르게 교차해 간 흔적
발자국이 어디로든 가면 되는 길이
어느 막다른 길 끝에 가서 멈춰 섰을까
흔적은 쉽게 지워지지 않았다

6.

진즉 잎을 떨어낸 신갈나무-물푸레나무는
가벼운 몸으로 눈을 받아 가지에 껴입고
포근한 풍경 속에 몸을 담았다
겨울에 푸른 것이 죄가 되는지
구상나무, 오엽송, 잣나무, 주목들은
더 많은 짐을 졌다 그것들은
무슨 불만이 있기에 심술을 부릴까
쌓인 짐을 툭툭 털어내어

잠 든 숲을 깨웠다
숲이 자는 일은 흔ㅎ지 않다
잎을 마구 흔들어 춤추거나
가지를 부딪쳐 억지소리를 내거나
바위를 씻어 내리는 물로 호들갑 떨기 일쑤인데
오늘은 꼼짝없이 아무 것도 하지 않고
하늘 깊이 자고 있다 그걸 못 보는 눈밭에
푸른 나무들이 눈을 털어 툭툭
괜한 시샘을 피워댄다

목이나 추기고 가게
―삼정산

음정에서는 목이 타고
양정에서는 살이 탔다
가느다란 물길을 따라 산에 들었더니
가파른 오르막이 숨을 뱉으라 한다

바위 돌 주저앉아 서로 엉켜있는 길을
터벅터벅 가는 낙타를 따라
목이 타서 상무주암에 오르면
삽짝 밖에 내다버린 돌확은
누구도 들고 가지 못할 오아시스

낙타는 멈춰 섰다
넘치는 물이 불렀다고 사는 일에
목이나 추기고 가게 졸졸졸
해묵은 설법을 멈추지 않았다

―――――
양정, 음정은 마을 이름. 하정과 함께 삼정이라 부름

산문 밖이 훤하니
—상무주암

뜰 앞 벼랑에 심은 잣나무는
비탈진 자리에서도 몸가짐이 발라
대적광전 대들보로 쓸만하고
암자 뒤 노송들은 몸이 구부러져도
황금으로 치장한 채 눈발을 희롱했다

사립에 막대 걸쳐 놓고
출입을 가로막은 산사 마당에는
눈이 수북하다 치워서 뭣해
햇살이 놀러 왔다 힘좀 쓰고 가게
쌓인 눈을 그냥 놔두고

훤히 열린 산문 밖이 눈에 갇혀 아우성인 때
유리문 안에 든 스님 한 분
절 밖 인심이 궁금했던지 내다보다
절 안 살림이 궁금한 눈길과 마주치자
얼른 돌아 서서 캄캄해져버렸다

고개 마루에 앉아
―영원령

산길은 넘어야 할 고개가 숱하다 이제
다시는 고개를 넘지 말라
고개를 넘어서도 짙은 숲은 연속이다
가시덤불과 숨어 있는 바위 틈새
어둔 허공이 입을 다물지 못했다

천년을 산다는 늙은 주목은
몇 생을 거쳐 이 고개에 닿았는지
숨찬 기색도 보이지 않고
꼿꼿하게 올라 섰다 옆에서
짐승들이 세운 이정표가 눈밭에 굳어졌다

아랫도리 긁힌 상처 흘린 피가 무너져
아직도 재를 넘지 못한 큰 키로 구부러져
앞서 산죽 밭을 헤치고 가는 신갈나무
다시는 고개를 넘지 말라 길은
넘어야 할 고개를 숨기지 않았다

민들레 홀씨
―문수암

천인굴에 사람이 들었다
바위 얼굴 사천왕이 아버지를 지켜 주었다
아버지, 할아버지…… 그리고 아버지
임진년 그해 여름
떨어진 밥알 한 톨에도 정이 깊어
도륙의 칼날을 피해 살아남은 아버지가
산을 내려가 씨앗이 되었다
곁에 민들레 홀씨가 꽃을 피우고
아들, 손자, 증손자…… 그리고 아들
천인굴에 사람이 났다

그리운 산
—영원사

그리움이 지극하다면
흐르던 물도 멈춰 서서 불이 되겠지
그대 오시는 길 등불이 되겠지
시간이 든 계단을 걸어서
낮게 내려서는 길 하나
마당에 말없이 엎드렸다

부서지는 물로 소리하면 오는가
함박꽃 모습으로 간절하면 보이는가
매미 소리로 애절하면 귀를 주는가
잃어버린 소가 하얗게 살아
제 발로 찾아가는 도솔천 먼 길

네 곁에서 피어나는 상사화
그대 오시는 길
가장 낮은 하늘을 열고
지극한 숲이 되고 싶다

손 짚었던 나무
―도솔암

누구도 걸어간 흔적이 없는 숲에서
언덕길에 미끄러져 넘어지다가 엉겁결에
손을 내밀어 물푸레나무 허리를 짚었다
그때 손을 통해 전해오는 나무 생기
순간 나도 모르게 뜨거워졌다
떨리는 내 손이 가닿은 성감대
나무도 움찔 몸을 움츠렸다
무심코 뻗은 손끝에 서있던 나무에게
느낌은 말없이 가지를 뻗어가서
마음에다 푸른 물빛을 가득 채웠다
나무도 놀랐을 것이 틀림없다 둘이
짧은 순간에 한 몸이 되었으니

생각 밖에서
—비린내골

티끌만큼도 욕심 부린 적이 없는 비비추가
한기로 몸을 움츠린 쥐똥나무 옆에서
아니다 속삭여 주는 내밀한 울음
낯선 인기척에 뚝 그치고 웃었다

골짜기에 발을 넣어 발자국을 찍기 전까지는
쉬고 있는 길섶에서 봄도 아닌데
노간주나무 잎이 폈다 하늘 가린 잎이
두꺼운 그늘로 길을 깊게 하여
억센 산죽이 일어나 가슴을 막았다

안부에서 이끼 낀 바위돌이 흔들렸다
내 발이 닿은 골짜기는
쉬고 있다가 부스스 몸을 털었다
생각 밖에서 내가 몹쓸 놈이다

침묵
―비둘기봉

조릿대 숲은 오를수록 난해하다
들지 말라 가슴을 가로 막는
쉽게 묻혀버린 외진 길에
설 자리를 잃은 굴참나무가
젊은 신갈나무에게 자리를 내어 준 채
노랗게 삭아 내린 내장에다
작은 벌레를 숱하게 키웠다
스스로 숲으로 돌아가는 말없는 성자들
다시 산으로 돌아올 명분을 위해
조그만 바람에도 이유를 다는
조릿대 수다를 가만히 듣는다
숲은 소리가 아니라 사랑이다

제 **10** 부
지리산 사람들

왕의 눈물
— 구형왕

길 없는 산을 한두 번 올랐을까
왕등재에 모이는 발자국
나라 잃은 설움이 깊게 패여
한 줌 풀도 뿌리내리지 못한다
돌아 나온 국골 깊은 골짜기에도
한 목숨 부지하기 위한 것은 아니다
가시덤불 헤치고 들어
벼랑 끝에 군막을 치고
화살촉에 낀 녹을 닦아낼 때 어디
피눈물을 한두 번 삼켰을까
산그늘에 묻혀있는 입이 열린다면
험한 산세도 지켜주지 못한 가솔들
토하는 피로 말하리라 그때
샘터에는 목마른 짐승만 모이는 게 아니다

짚신을 벗어놓고
―고운 최치원

천하에 발자국을 더 찍을 곳이 없어서
마음 덜어내고 방장산에 들었다
해진 짚신짝 벗어놓고 숲에 든 후
외로운 구름되어 흘러간 뜻을
어디 숲에 가서 다시 찾을까
산을 안다는 이들 앞 다투어 산에 들어도
짚신 벗어놓은 뜻을 알지 못했다
문창대 다 닳아 없어진 상전桑田에서
주인을 기다리는 풋풋한 짚내
천년이 지나도 선비는 돌아오지 않았다

산천제에 올라 쇠북을 치다
―남명 조식

낮은 담 너머로 천왕봉이 가깝다
흰 눈을 이고 선 상봉은
산천제 울 밖에 있는 것이 아니다

강물 따라 사해에 든 물이
덕산에서 비롯됨을 아는 이 몇이나 될까
어찌하면 덕산 문하에 들어
비와 바람이 지나는 길을 알 수 있을까

저자 거리가 소인배들로 어지러워지면
뜰에 나서서 천왕봉 쇠북을 치니
천둥소리가 세상을 깨운다

풍우에 쫓기다
―점필재 김종직

마음을 흔드는 그늘이 있었을까
물 속 자갈돌이 흔들린다
흔들리는 것은 돌이 아니라 물이지만
물을 바라보는 마음이지만
돌이 물을 떠날 수 있다면
마음에 돌을 갖다 둘 수 있을 것인가

곧고 곧아서 흔들리는 물속에서도
흔들리지 않는 돌을 볼 수 있다면
천둥 폭우에 어찌 쫓겨 갈 것이냐
차가운 물에 손을 넣어
흔들리지 않는 돌을 굳이
꺼내 볼 것은 무엇인가 나그네여

속두류록에 들다
―탁영 김일손

청학동에 들어 비로소 갓을 벗었다
물소리에 귀를 세우는 일도 쉽지 않고
나무가 몸 흔드는 즐거움도 낯이 설다
어쩌다 몸을 버렸을까

두류산에 들어서는 돌덩이도
차갑다 이르지 말라
터놓고 마음 나눌 이가 어디 있는가
돌 위에 앉는 것만으로도 숨이 멎었다

돌아가야 할 무거움이 어둠이 되었다
다시 올 기약을 하지만
선비가 가는 길이 보이지 않을 때
흐르는 물이 쉬었다 가라 부촉한다

산빛은 고요하다
—휴정 서산대사

과거가 네 길이 아니니
남악으로 가라 가서 길을 물어라
물가에 앉은 늙은 도승에게
생명을 물어라

혹, 뜻에 이르거든
눈을 들어 산빛을 보라
도를 구하지 말고 사람을 구하라
저자에 길이 있다

산빛은 고요하고 고요하여
경계 밖으로 물이 흘렀다
눈에는 구름도 넣지 말 일이다
눈길도 걷지 말 일이다

산중일기
―우담 정시한

갑년을 넘기고 지리산에 들어
떨어진 버선코를 꿰매어 신었다
산길이 험하다지만 사는 길처럼
마음 아프게 하지 않았다
비 새는 무주암 지붕도 수리하고
금류동암 폭포에 시름을 벗었다
「선경」, 「심경」에 마음 갈아앉힌 뒤
김생의 글씨를 따라가는 한낮
몰아치는 비바람에 산문 밖이 더 걱정이고
밤이면 학인을 못 알아보는 빈대를 위해
자다 깨다 두어 차례 등을 밝히지만
미물은 마음까지 아프게 하지 않았다
다만, 더디 오는 먼 고향 답서에
빠진 머리카락을 땅에 묻었다*

---

*저서 『산중일기』 중 한 구절

거대한 지리산 바위
—화산 이현상

빗점골 혼자 사는 동고비는
슬프게 울지 않는다
아프게 무너지지 않는다

너덜을 걸어서 가는 슬픈 파르티잔
그림자만 남았다 혁명은 멀어도 아직
길은 끝나지 않았다

산에 들어 길을 물은 낭만주의자
눈물 마른 새똥을 머리에 이고
그림자 없는 길이 되었다

---

*빨치산 사령관

나를 찾지 말라
―우천 허만수

내 길은 태초에 있던 길이다
길 따라 어느 길 끝에 가서 닿았는지
숨 참고 산령이 되어갔는지
간 길을 아는 이가 이때껏 없다

숲 절은 산, 길을 찾아 길을 내고
등 굽은 나무가 되었다지 아니
노래 그치지 않는 물이 되었다지
운무 감싸는 독바위가 되었다지

지리산 산길이 내 몸이고
산죽 잎 바삭이는 소리가 내 말이다
애써 찾으려 들지 말라
내 길은 태초에 없던 길이다

---
*지리산 등산로 개척자

뱀사골 푸른 물에
—고정희

시를 쓰지 않는 시인을 만났다
눈 밝은 물이 대신하여
형상을 잘도 그려 낸다 언어가 아니라도
짜 맞추지 않아도 운율이 된다
깊이와 소용돌이 푸름을 어쩔 수 없이 길러
물굽이마다 노래를 들려주고 있느니

안타까이 굽이쳐 흐르는 물줄기는
승천하는 푸른 능구렁이 같지만 시인은
배암사 흔적처럼 간 곳을 모른다
마음 묻은 절절한 물소리는
시인이 가슴에 남겨놓은 유작이라서
물 속 바위돌도 낭송을 했다

붉은 도라지꽃
―하씨

두류봉 산죽 밭에서 무너지던 빨치산
한 팔로 살아남은 것이 죄스러워
신밭골 신갈나무 숲 그늘에 숨었다
조릿대 엮어 울 두르고
새재에서 한 발자국도 나서지 않았다
팔 하나 없어도 흉보지 않는 산
비탈에 밭 일구어 도라지를 키웠다
가슴에 맺혀있는 그늘을 아는지
귀 없는 어린 도라지꽃이
말없이 붉은 꽃을 피웠다

우리들 장모
—욕쟁이 할매

가랑잎학교가 지는 나뭇잎에 숨었다
나뭇잎에 내지른 장모의 쌍말씀이
유평골 가당찮은 물에 떠 간다
하룻밤을 위한 욕이라서 더욱 곱고
산꾼 사위는 묵묵히 귀담아 듣지 않았다
퍼 붇는 욕이 산보다 억세어 가서
막힌 세상 속 시원히 뚫어 주었으면
유평 지날 때마다 버릇으로 듣는 물소리
치밭목에 올라 곰곰 생각하다
구름 흘러가는 엄청 큰 소리에도
절로 웃음 나지 않고는 못 배긴다

---

*유평리 욕쟁이 식당 주인 유재선 씨

등신불
―법보살

손에 흙 묻히는 일이 무엇이 좋을까
종일 마당에 쪼그려 앉아 돌을 캤다
캔 돌에 새겨진 법문을 중얼중얼 외웠다
바위에 오똑 앉은 3층탑이
밤이면 현신하여 터 닦는 일을 돕지 않았다면
기왓장 하나인들 얹을 수 있었으랴

천막 대웅전 촛불을 지키면서
날아든 나방 한 마리라도
집적거리지 못하는 마음이 켜든 등불은
반짝 반짝 반짝
곡점 먼 사랑에서도 잘 보이는 등신불이어서
잿더미로 흘러간 시간을 돌려받았다

---
*법계사를 재건한 보살

여자 빨치산
—정순덕

물려받을 수 없는 뜨거웠던 여름 날
바람이 한 잠, 두 잠, 석 잠
깊이 빠져 있는 안내원동에는
햇빛이 가장 많이 놀다 갔다

물과 놀다 지치면 바람과 놀고
바람과 놀다 지치면 풀잎과 놀고
풀잎과 놀다 지치면 지붕에 앉아
처마 끝에 드는 구름을 보았다

냇가에서 사는 일로 슬쩍
푸르게 낮잠 자고 가는 하늘은
처녀적 사랑, 두근거림
제일 먼저 오고 가장 늦게 갔다

화엄세상을 꿈꾸며
―최영희

새가 부르는 슬픈 노래
그대 꿈꾸는 화엄세상이
숲속에 쥐똥나무를 살맛나게 하고
붉은 깃털 새를
쥐똥나무 위에 깃들게 한다

화엄은 멀지 않다 길을 가라
멈추지 않는 길이 혁명이거니
그대 떠난 뒤에도 산에 남긴 말이
화엄세상을 찾아 굴러 갔다

---

*성악가 출신으로 지리산에서 빨치산 제사를 지내 주는 여인

천왕봉에 빠져
—성 산

목마름이 그리도 많았을까
산에 드는 일만으로도 벼슬이던 때
누가 불러 지리산에 들었을까
삼천 번이라 했든가 셀 수 없이
길 없는 천왕봉을 오르고 싶었다

가슴 답답한 무슨 일로 그리 했을까
칼바위 등로가 한 자나 주저앉은 것은
걸머진 등짐 때문이라 했든가 아닌가
발자국 지우려 숱한 눈비가 지나갔어도
덮여지지 않는 흔적이 깊어졌다

---
*산악인.

노고단 호랑이
—함태식

눈산에 드는 객도 적고
굴뚝에 연기 오르던 노고단 돌담 산장
나무 난로를 가운데 둔 산꾼 몇이
가야할 눈길 빠지는 깊이를 물었다
대답 대신 나무 등걸 툭 던져 넣고
노고단을 떠나 하산하고 말았다
왕시루봉 양인 별장에 숨어
백운산 봄빛을 쬐며 지내다
못 잊는 노고단 피아골에 다시 들어
다람쥐 불러 귀엣말 속살거리고 놀다
봄 오면 눈 밝은 노루귀만 키웠다

---

*옛 노고단 산장 지킴이, 현재는 피아골 대피소 소장

소망탑을 세우고
―변규화

산이 언제 외롭다 하던가 섣불리
산에 들어 마음 일으키지 말게
불일평전을 걸어 다니는 구름이 놀란다네

산바람도 묵으면 조용해지는 걸세
노각나무 잎 잎에 회오리치던 성깔도 죽어
햇빛 속에서 나뭇잎들 반짝이게 하고
분단 없는 반도지에 나울도 잠든 지 오래
숨을 곳 없는 바람은 소망탑에 들었네

봉명산방 털보 주인은
고욤나무에 날아와 놀던 새들 데리고
잠시 산을 외출 중이라네

---

*불일평전 봉명산방 주인

지리산이 그리워지면
―김경렬

말로 풀면 뭣해 몸으로 느끼고 가야지
부르지 않아도 찾아오는 낮은 질경이 데리고
발길 닿는대로 쉽게 치밭목에 오르면
달뜨기에 걸린 해오름도 보고
떡갈나무 상고대 하얀 옷에 눈도 멀어
태허로 쏟아지던 별빛도 그립기도 하겠지
그립다 숨은 이야기 풀어내는 산이 있어
치밭목 대피소 마당 낡은 탁자에 잠시
말없이 앉았다 지나가는 낯익은 산객, 다들
말 못할 그리움으로 남을 거야
한 세월 지난 뒤에는 그럴 거야
누구도 묵어간 길을 묻지 않았다

---
*산악인

가슴에 산을 품고
—이근상

지리산 사람이라 드러내지 않아도
두터운 손등에 대간처럼 솟은 힘줄이
밤이면 몰래 출렁거렸다
출렁출렁 몸을 흘러 산을 토했다
세상 가운데 침묵을 토했다
본향 높은 연하봉을 못 잊어 다니더니
제석봉 쯤 하나 가슴에 품어 살면서
지리산은 한 자락도 입 밖에 내지 않았다
출렁이는 몸이 있을 뿐
끝내
눈에 도는 산빛이 그냥 살았다

---
*〈우리들의 산〉 산행대장

산문을 닫기 전에
—도봉

암자로 드는 길에 내린 눈 치워 놓고
목이 한 자나 빠져 있는 스님이 눈밭에
라면을 부수어 뿌려 놓거나
고기 덩어리 썰어서 내다 놓고
굶어 죽는 짐승들 있을까 걱정이다

눈에 끊어진 길 이으며 닿은 절 마당가
정해 신년 정초 연휴에도
지나가는 산꾼 한 놈 없더라고
산중에 앉은 외로움 비쳐 보이더니
오미자 붉은 곡차 마구 내왔다

외롭기야 온 산 나무들, 솔바람소리
눈 위에 구르는 낙엽도 그렇고
눈에 갇힌 산에서야 다 그렇지 않으랴
어둠이 산문을 닫기 전에
곡차에 밝힌 눈으로 하산하라 일렀다

---
*승려

길을 묻다
―도법

숲을 가는 길이나
세상 가는 길은 다르지 않다
절간에 앉아서 세간살이를 보았기에
바람이 가는 길을 막지 않았다
들판에 흐르는 물을 가두지 않았다
스스로 길은 막을 도리가 없다
길이 좁아도 넓음 같고
넓은 길도 또한 이와 같으니
모난 돌 널려 있는 비탈길이나
가시덤불로 험난한 숲길, 다 같으니
발끝에는 언제나 남은 길 뿐이다

---

*승려, 생명평화의 길 순례단

산을 토하다
―자이안트 이광전

가슴에 지리산이 들앉아 있기에
마주 앉으면 솔솔 산내가 나고
낯익은 체면에도 빠지게 하여
내 몸도 지리산이 데려가게 했거니

덩치 큰 산이 어디 가겠느냐
제 몸 하나 지키고 있으면
산도 스스로 오는 걸 모를까
욕심으로 가는 산이 아니란 걸 사람들은

주능 종주 2백차를 눈앞에 두고
반야봉에서 먹은 산을 눈으로 토했다
중봉, 상봉, 장터목… 그리고 노고단
발아래 늙어버린 숱한 봉우리

---

*산악인, 지리산 종주 200차 달성(2008. 6월 8일), 저서 『지금도 지리산과 열애 중』

지리산 통신
—여산 최화수

취재수첩을 열면
지리산 사람들로 장터가 열렸다
세상에 펼쳐놓은 바래봉 철쭉이 있고
천국을 오르는 계단도 영신대에 걸어 놓았다
써레봉에 이어놓은 황금능선도 발 아래 두고
목통골 첫사랑도 굽이굽이 사려 넣어
지리산보다 더 지리산 살림을 챙겼다
어느 능선에 고사목이 몇 그룬지
어느 골짜기에 선바위가 사는지
지리산 통신을 쏘아 별을 그리고
우리들 산에서 젖은 몸을 말렸다
그 일은 어제 오늘 일이 아니다

---

*작가, 〈지리산 통신〉 운영. 저서 『지리산 365일』

지리산 옹고집
—성락건

먼 길 다니지 않아도
지리산에 푹 절은 몸이
묵은 젓갈 냄새가 났다
산에서는 맡을 수 없는 악취지만
산 밖에서는 독한 유혹이다
묵계치 오르는 가파른 터에 길을 닦고
지리산 옹고집들을 불러 모아
푹 절은 산이
젓갈이 될 때까지 기다리고 기다리다
산에 미치고 말면 그 뿐
다른 길이 산 밖에 남아 있을까
아직도 산길 위에 서있다

---
*산악인

푸른 혁명을 위하여
—임소혁

지리산 적요를 가슴에 쓸어내리면서
낮은 운무를 슬하처럼 불러 와
봉우리들을 섬으로 만들었으나
들끓는 구름 속에 잠재울 수 없어
네모 안에다 가둬놓고 들여다본다

벽은 산을 가둘 수 없다 산을
운무 속에 잠재우지 말라

예술은 혁명이거니 물결로 달아나며
유혹의 눈짓을 멈추지 않는다
자나 깨나 만나던 그들 스스로 돌아 와
온 몸에 새겨 넣은 푸른 혁명을
종이 위에 널었다 훈장처럼

---
*사진작가

기갈 센 신갈나무
—소산 권경업

여태, 새재에 빠진 발을 건지지 못했는지
달빛에 한 눈을 담그고 한 눈은
가는 쑥밭재로 물러진 마음을 얹었다
신갈나무 끝에 걸린 떠돌이
정처 없는 구름이 그 이름이다
지나는 발자국 소리에도 때 아닌 눈사태
신밭골 산죽 잎에 머물던 하늘이 내려섰다
치밭목에 앉아 오지 않는 잠 기다리며
무재치기 빙폭 함께 타던 동지나
토왕빙폭 오르던 친구들 불러 모아
씹은 소주라도 가슴에 붙지 않는다면
흐르는 별빛에도 미치고 말지
코펠 두드리는 노래로 물소리를 이겼다

---
*산악인, 시인

지리산 산길 따라
—두류 조용섭

기다리지 않아도 지리산에 들어
출렁이는 능파를 탔다 자주
날 푸른 날이면 산멀미 하는 사내
길이 아니라도 가다보면 길이 되었다
마루금 가다 골짜기가 그리워지면 돌아서서
무늬 없는 돌 하나 가야에 얹었다

뒤돌아보지 않는 산길이지만
뱀사골 대피소 바람벽에 배낭 기대놓고
물 한 모금에 피로를 씻다보면
몸이 아는 산에 마음마저 풀어
산과 한 몸이 된 뒤에야
야생화 떨기에 촛점을 맞췄다

---
*산악인, 〈지리산 산길 따라〉 좌장

말없음표
―민병태

흐르지 않는 물은 얼어 못쓰게 되지
눈에 묻힌 샘터를 뚫고 돌아와
바짓가랑이 눈을 털어냈다
혹한에 찾아오는 산객 한 사람 없어도
흘러야 하는 물을 위해 대장은
가랑잎, 눈이 덮는 수로를 지킨다

산을 유혹하는 길이 사라진다면 어찌 살거냐?
물음에는 한참 뒤에야
돌멩이를 툭 차서 답하는 치밭목

마음도 흘러야 녹이 슬지 않는 것처럼
구름 끼거나 맑은 날 아니면
비 오고 눈 오는 그런 목마른 날이면
고요하게 불러 들이시게 그때
못 이긴 듯 치밭목에 오를 터이니

---
*치밭목 대피소 소장

악양루에 오르다
—박남준

악양루에 올라 낮잠에 빠진 오월이
시린 눈으로 천천히 강을 탐한다
밤이 되면 홀로 섬진강 가
모래밭에 발자국 찍는 달빛
뒷짐 지고 걷는 백로 한 마리를 보았다
오월 햇살에 목이 길어지면
평사리 들녘이 가다가 춤을 추고
따라나선 산빛이 출렁거린다
사립문 열어 벼 익는 악양 들판 내다보고
눈 큰 농부가 뱉는 시 한 편

중 얼 중 얼 중 얼…

---
*시인

햇살 한 줌
―이원규

남도 토지면 문수골 피아산방에는
바람이 놓고 간 한 줌 햇발이 논다
꽃에 투정 부리는 나비가 아니다
넉넉한 산자락에 경계를 풀어
지치지 않는 너와 나를 놀다가게 한다
어느 시인은 젖배 곯았어도
밤꽃 향에도 수줍어하는 아내만 키우지 않았다
노래하는 바람도 춤추는 물도 키우지 않았다
지천에 널린 봄꽃부터 가을꽃까지
겨울이면 순식간에 피었다지는 눈꽃까지
바람이 놓고 간 햇발 한줌에 몰입한다
길 위에서가 아니면 빛이 아니라며

---
*시인

여름 언덕
—남난희

그때 가슴을 열고 물을 퍼냈다
처녀인 숲은 어디에다 앉힐까
나무는 돌은, 그리고 개울은
방금 출렁이기 시작한 숲의 바다 끝에서
길은 끝나지 않고
8부 능선을 굽이돌아 산에 들었다

벽소령 고개를 넘어 온 물푸레나무
나이테 하나를 건너가면
더 큰 하늘이 뿌리에 닿았다
장년인 바람은 어디에다 앉힐까
섬진 강물은 멀리서 허리를 틀어
지나온 길을 부피로 출산한다

---

*산악인

해설

해설

　*인월-1980년대에는 뱀사골이나 백무동, 칠선골, 삼정동에 가기 위해서는 반드시 인월을 통과해야만 했다. 인월은 남원시에 속하는 읍으로 북부 지리산에 들기 위한 관문이었다. 이성계가 왜군을 물리칠 때 밤에 환한 달이 넘어 가려하자 전투를 승리로 이끌기 위해 넘어가는 달을 끌어왔다는 전설에서 유래한 이름이다.

　*산무덤-삼도봉에서 반야봉 가는 길에 노루목과 반야봉으로 갈라지는 삼거리가 있는데 그곳에는 해마다 벌초를 깔끔하게 한 묘지가 있다. 지리산 지도에도 나타나는 이 묘지는 산행길의 이정표 역할을 한다.

　*화엄굴-벽소령에서 형제봉 오르는 능선길에는 수직의 형제바위가 있고 그 밑에는 굴이 있는데 연하굴이라 부른다. 임진란 때 수십 명이 숨어 난을 피했고, 빨치산들의 은신처가 되기도 하였다.

　*참샘-백무동에서 장터목 가는 길에 있는 샘터.

*달궁-동부 지리산 쪽에는 가락국 왕가와 얽힌 이야기들이 유난히 많다. 뱀사골 계곡 입구에서 성삼재 쪽으로 가다보면 큰 마을이 있고 그곳에 가락국의 도피 궁성이 있었던 터라하여 달궁이라 부른다. 구형왕릉 인근의 함양군 휴천면과 마천면 여러 지역의 지형이름과 가야왕의 항전과 관련하여 많은 이야기들이 전해 내려온다. 그 이름들은 다름 아닌 '국골(가야국의 골짜기), 두지터(식량을 저장해두던 곳간), 왕등재(왕이 오른 고개), 빈대궐터(왕이 기거하던 곳), 추성산성(신라의 침입을 막기 위하여 축성했다고 전해지는 토성), 달궁(궁이 있었던 곳)' 등인데, 개략적인 내용으로는 가야국의 왕이 산성을 축조하고 식량창고를 조성하며 항전을 하다가 전쟁 중에 사망했다는 전설이 그것이다. 즉 '양왕의 나라 양도설'과는 다른 내용의 전승을 받아들인다면 왕산 골짜기에 있는 돌무덤은 왕릉이 아니라고 단정할 수 없다는 의미이다. 하봉능선 자락에 있는 왕등재는 왕이 올랐던 곳이고 왕산은 가락국의 마지막 왕인 구형왕의 무덤이라고 하는 돌무덤이 있는 곳이다. 국골은 적군을 피해 왕이 피신해 들어간 골짜기를 이름한다.

*심원-달궁에서 성삼재 오르는 길 왼쪽 아래 골짜기를 심원골이라 부르고, 심원은 그 계곡의 상류에

있는 마을로 하늘 아래 첫 동네라 부른다. 이젠 유흥가가 다 되었다.

*목통마을-물레방아로 발전을 하여 하동읍 보다 전기를 먼저 쓴 10가구가 사는 칠불사 사하촌이다. 목통마을은 최화수의 〈지리산 365일〉에 '지리산 러브스토리'로 소개가 되어 화제를 모았던 김수만 부부가 살고 있다. 전남 여수시에 살던 미모의 처녀가 지리산 산골로 자청하여 시집을 와서 보금자리를 열었다. 지리산 최고의 명주 '약탕 막걸리'는 김수만씨 할머니가 전통비법으로 지금까지 빚고 있다.

*가릉빈가-불교 설화 속에 등장하는 춤과 노래의 신. 얼굴은 사람이며 몸통은 새. 천년을 살며 죽을 때 불 속에서 다시 알로 부활한다는 불사조. 연곡사 북부도 탑에 부조되어 있다.

*농평-피아골 구례군 토지면 내동리 평도마을에서 당재로 오르는 좁다란 도로가 가파르게 이어져 있다. 통꼭봉과 황장산 사이 낮은 고개가 당재. 그 너머에는 화개 골짜기의 지류인 연동골과 목통마을이 자리한다. 목통마을에선 당재가 야트막하게 건너다보이는데 평도 마을에선 그 고개가 보이지 않

는다. 평도마을에서 농평마을까지는 4킬로미터로 겨우 10리 길이지만 가파른 오르막이어서 걸어가면 1시간30분이 걸린다. 좁은 도로가 나있어 차를 몰고 갈 수 있다. 당재마을을 지나 한동안 오르면 산비탈이 막고선 막다른 곳 하늘밖에 보이지 않는다. 아래에서 보면 농평은 하늘 위에 있다. 그곳에서는 아무리 둘러보아도 눈에 들어오는 것은 하늘과 맞닿은 능선뿐이다.

*구형왕-구형왕은 가락국의 제 10대 왕으로 서기 532년, 신라의 법흥왕에게 부인과 아들 셋을 데리고 가서 나라를 넘겨주었으며, 그래서 양왕이라는 이름을 얻었다. 강대국 신라가 끊임없이 침공을 하던 중, 법흥왕이 대군을 이끌고 쳐들어오자 왕이 친히 군사를 지휘했으나 적병의 수가 너무 많아 싸울 수가 없어 양왕은 군사와 백성의 희생을 막고자 싸움을 피하고 평화적으로 나라를 넘겨주었는데, '사직을 지키는 것도 중요하지만 이기지 못할 전쟁에서는 백성의 생명을 보존하는 것이 국왕의 도리'라 생각하고, '가야의 백성을 노예로 삼지 않고, 양민으로서 신라백성으로 받아주기로 하는 합의'를 한 후였다. 그는 나라가 병합된 후, 方丈山(방장산. 지리산의 다른 이름) 동쪽 기슭의 수정궁에 기거하다 붕어하였다는 기록이 있다.

*빗점골-빨치산 총사령관 이현상이 최후를 마친 곳이며 〈거대한 지리산 바위〉는 이현상의 별칭이다.

*고정희-시인. 1948년 전남 해남 출생. 한국신학대학을 졸업했다. "현대시학"에 추천을 받아 문단에 데뷔. '목요시' 동인으로 활동한 그는 현실에 대한 날카로운 투시와 비판을 힘찬 언어로 승화시켜 문단의 주목을 받았다. 남도의 가락을 접목시킨 〈초혼제〉로 1983년 대한민국 문학상을 수상했다. 1991년 6월 9일 취재차 지리산 뱀사골에서 등반 도중 불의의 실족 사고로 불어난 계곡물에 휩쓸려 아까운 생애를 마감했다.

*하씨-빨치산 하씨는 지리산 전투에서 팔이 하나 잘리고 그의 아내는 귀머거리였다. 그는 밖에 나가지 않고 평생을 윗새재에서 살았다.

*소금고개-벽소령과 화개재는 옛날에 하동포구를 연결하는 통로였고 이 길을 따라 소금이 넘어 갔다.